あの世からの つぶやき

吉川 淳誠

なむ書房

あの世からのつぶやき

目次

春

この世に生きる

とかく、この世は、□、△、○？　という話　14
○の話　15
□の話　16
△の話　17
しかしの話　18
間に合う　19
働くということ　20
実　力　21
すず虫の声　22
詮なきこと　23
生きる目的　24
努　力　25
今を生きる　26
お金の限度　27
死　相　28

幸せみれん　29
途中下車　30
人の死について（一）　31
人の死について（二）　32
人の死について（三）　33
長生き　34
末期《まつご》の眼《め》　35
生きがい（一）　36
生きがい（二）　37
生きがい（三）　38
生きがい（四）　39
「ソレはソレでいい」　40
希望と夢　41
無　常（一）　42
無　常（二）　43
無　常（三）　44
お役にたつもの　45
余　生　46
余生の生きがい　47
生きることへの励まし　48
月・日（一）　49
月・日（二）　50
月・日（三）　51
おどろき　52

夏

あの世を想ふ

死の平和（一） 56
死の平和（二） 57
この世の無常 58
平和の庭 59
死にがい（一） 60
死にがい（二） 61
死にがい（三） 62
死にがい（四） 63
死にがい（五） 64
忘れな草 65
死するも独りなり 66
地　獄 67
生涯百年 68
長生き 69
自分の死と仲良くなる 70
死後の楽しみ 71

おかげさま　72
孫　73
死への恐怖　74
死のがけっぷち　75
お迎え　76
「思い出さずに、忘れずに」　77
宗　教　78
自分の死　79
覚　悟　80
生と死　81
棺の中　82
執　着（一）　83
執　着（二）　84
未来永劫　85
生と死　86
お迎え　87
〝無〟　88
〝救　い〟　89
未　練　90
あの世　91
精神体　92

秋

人なるがゆえに

自我（一）　94
自我（二）　95
独り（一）　96
独り（二）　97
他人《ひと》のため　98
幸運で不幸な人　99
自己嫌悪　100
宿縁　101
自我のかたまり　102
自己の心の目覚め　103
自己の心（一）　104
自己の心（二）　105
自己の心（三）　106
自己の心（四）　107
自己の心（五）　108
自己の心（六）　109

自己の心（七）　110
自己の心に満ちた
　本当の人間とは　111
心　根　112
自我と利他　113
人助け　114
両極端　115
情　愛　116
欲　望　117
人間の価値　118
憎らしい　119
涙　120
善い人　122
悪い奴　123
徳をつむ　124
二人して　125
死の恐怖　126
母親のふところ　127
神の境地　128

冬

生かされているこの身

神仏（一）　130
神仏（二）　131
運・不運　132
死と本能　133
智恵（一）　134
智恵（二）　135
智恵（三）　136
死と宗教　137
ざんげ（一）　138
ざんげ（二）　139
ざんげ（三）　140
宿縁　141
成仏（一）　142
成仏（二）　143
我欲　144
悟り（一）　145

悟　り（二）　146
悟　り（三）　147
悟　り（四）　148
自然の法　149
生かされて生きている（一）　150
生かされて生きている（二）　151
天国と地獄　152
宇宙の法　153
仏さま（一）　154
仏さま（二）　155
他　力（一）　156
他　力（二）　157
仏　心　158
仏の目　159

春

この世に生きる

とかく、この世は、□、△、○？　という話

この世のことをひとからげにして、四角、三角、丸、四角……、という人もいます。

これは、考え方次第でどうにでもとれる、という意味合いもあるのかもしれませんね。

私には丸いものが、他の人には、角がたって四角に受けとめられる、ということなのでしょうが、ややこしい話です。

しかし、いろんな考え方の人がいる以上、仕方のないことでしょう。

○の話

○は美しい
人の心をひきよせる
ひきよせられて
宙を舞う
ただ、ひたすらに宙を舞う
舞って
舞って
どこへいくのか
それは
誰にもわからない

口の話

口をじーっと見つめていると
真中の空白が
ほんとに白くみえてくる
しかし、口には出口がない
囲われてしまえば
終わりである
口の中に
人を書いて囚という字は
なんとなく、嫌な気になる

△の話

△には希望がみえてくる
今は、どん底にいても
いつかは頂点へという夢
しかし、その逆も言える
思い上がって
先を見誤ると
いつ、不幸の谷間に
落ちるのやも……
芸能人などに
よくみかける話ではある

しかしの話

でも、しかし……。
が、しかし……。
なにか言い訳をするようで、嫌な言葉です。

「が、しかし」、どうにも解決のつかない出来事に遭遇したとき、そのことは十分にわかっている「が、しかし」、と言うしかないことも、しばしばありますよね
思い通りにはいかないのが、この世の常だからでしょう。

間に合う

「間に合う」。これは、人生の本当の目的、本当の生き方をじっくりと考えることです。

つまり、生と死の間に、人間としての生き甲斐、生きる目的を心底理解し、生あるうちに間に合わせる生き方をしようではないか、ということだと思われます。

私ごときがとやかく言うより、米沢英雄氏の著書をご一読下さい。

米沢英雄（よねざわ ひでお、一九〇九－一九九一年）

医師、浄土真宗の伝道者。医学博士。開業医のかたわら、親鸞聖人の教えに深く帰依し、『信とは何か』（柏樹社）など、多数の著作、全国各地での法話・講演などで、多くの念仏者を生み出した。

働くということ

一己の男子として、一番は好きなことをして、生きていくためのお金を得ることでしょう。しかし、生活のためにのみ働くというのでは、あまりに夢がなさすぎます。

そこで、能力のない人は、働くことに喜びと意義を感じようと努める、無理にでもそうしむける。

こうする以外に方法は無いでしょう。

この世とやらは非情なものです。

実　力

自分の実力《ちから》は
出し惜しみしてはいけないが
黙っていても
自ずとにじみでて
他にも伝わるものらしい

すず虫の声

野原で鳴いているすず虫の声が、なんとも心地よい。

本当に、何かを語りかけられているような、そんな気がしてならないときがあります。

そんな世の中、早く見切りをつけて、こっちへいらっしゃい、とあの世へ誘い込まれているような気がすることがあります。

自然の法のままに、今を生きていくしかないでしょう。

詮なきこと

実力《ちから》のある人は
世の中をスイスイ生きている
実力のない人は
あえぎ、あえぎ
世の中の底辺を生きている
生まれながらの
運、不運だとしても
これは、不公平でしょう
などと、口をとがらせても
詮なきこと

生きる目的

生きる目的（生きがい）など考えてみても「叶うはずがない」と軽くあしらって生きてきた、というのが本音ですが、自分の死を想う歳《とし》になって、少しずつ慌てふためいています。遅きに失した感が強いからです。

しかし、生きる目的など思ってみても、こんな世の中で叶うのでしょうかね。

むずかしい問題です。

努力

何があろうと想いを遂げねば、と努力する人もいれば、どうにかなるだろう、と何もしないでやり過ごす人もいますね。

しかし、やり遂げようと努力する才能を持って生まれた人は、ただ、〝幸運の星〟のもとに生まれてきて、うらやましいなぁと思うだけです。

人は生まれたときの運、不運で人生が決まるもののようです。

今を生きる

今を大切に生きるとは、どういうことかを考えてみたことがあります。

金や地位などの人生の付録を集めることではないことは、わかっています。

しかし、〝滅私利他の心〟、〝ざんげの心〟、〝おかげさま〟の生き方、これらを手に入れるためには、長い長い心の中でのせめぎ合いが必要だと思われます……。

お金の限度

「とかくこの世は金次第」とはよく耳にします。

しかし、金が全てではない、お金だけでは、人は満たされない。何かが違う。

つまり、お金のもつ力の限度をわかっている人が、一番満たされている、ということですかね。

その人が、本当の人間に近づいたということですね。

死相

芸術家やアスリートなど、自分の精神を極限状態まで高めて生きている人の顔に、死相に似た表情をみることがあります。

生命のエネルギーを瞬間に完全燃焼させた直ぐ後の、湖面のような澄みきった瞳のなんと美しいことか。感動さえおぼえるのです。

これは、〝釈迦の最後の笑み〟に相通じるものかもしれません。

幸せみれん

「あの頃は良かったなぁ」

「苦労したおかげて今日《こんにち》がある」

さて、どちらの言葉がいいですか。

それは後者の幸せな言葉ですよね。

昔はどうあれ、今が良ければそれが一番でしょう。

とくに、高齢の方は、今日《きょう》の一日一日が、かけがえのない大切な一日なのですから……。

途中下車

定年退職は、人生の途中下車であり、その終着駅は死である、と言われます。

一人ポツンと駅に降りたち、列車をみやり、馴染んだ顔もなく、人影もまばらな風景を見回す。

そして、改めてこれから先の人生を覚悟し、腹の中に収めて第二の人生の一歩を歩み出す。

その終着駅は死であることを、頭の片隅で想いながら……。

人の死について（一）

生きていくということは、生まれ出たそのときから、死という消滅に向かって一歩一歩近づいていくことです。

暗さへの不安
独り旅立つ寂しさ
この世から消え去ってしまう悲しみからは、
どうしても逃れることはできないようです。

人の死について（二）

死は誰にでも、いつの日かは訪れます。しかし、受け容れる準備をしておこうと思っても、なかなかできないでしょう。

自分の死を心よく受け容れるためには、生に対する未練を引きずらないことだそうです。家長として十分とは言えないが、立派に家庭を守ってきた。仕事も成し遂げた。楽しいことも、家族共々、たくさんあった。などという満足感があれば、死という自然の法に素直になれるような気がするのですが……。どうでしょう。

人の死について（三）

死ぬことを　忘れていても　みんな死に

という川柳を引いて伊藤真愚氏は、「誰でも死ぬんだと思っても慰めにもなりません。だから、死というものを捉えていないと、心底の処で一抹の不安があるのではないでしょうか」（『さて、死ぬか―死処の主となれ』、柏樹社）と言っています。

死とは、わかりきっているようで、死後どうなるのか、完全に無になって終わりなのか。このわからなさが、覚悟を鈍《にぶ》らせるのです。

伊藤真愚（いとう しんぐ、一九三五―一九九七年）

青年の時から鎌倉円覚寺居士林に参禅するとともに、東洋医学を学ぶ。一九七五年、伝統の東洋医学をさらに追求するため、漢方思之塾を開設。後進の育成とともに、伊那、東京、水戸などで診療に当たった。著書に『東洋医学の知恵』『さて、死ぬか』『胎教』（柏樹社）『第二の脳で生き方を変える』（ベストセラーズ）などがある。

長生き

〝一日でも長く生きたい〟

誰しも思うことですが、人間、死することなく、永遠に生き続けなければならないとしたらどうでしょう。

息がつまりませんか。

宿縁として与えられる自分の死は、その意味では、〝おかげさまで〟と言えるかもしれません。

末期《まつご》の眼《め》

今まで遠くぼんやりと見えていた自分の死を、目の前につきつけられたらどうでしょう。
伊藤真愚氏によると
「一瞬一瞬が新鮮な感動の時となってくるのです。これを〝末期の眼〟といいます。……死が教えてくれる人生の感動の極地です」（『さて、死ぬか―死処の主となれ』、柏樹社）と言われる。
そう言われてみれば、人の死も哀れみ悲しむばかりではなく、美しいもののように思われませんか。

生きがい（一）

人は、叶わぬことを成し遂げようとするとき、生きがいを覚えるそうです。

死を間近にした人が、少しでも生をながらえようと、力を振り絞っているとき、その一瞬を生きながらえることが、その人にとってその生きがいになっていますよね。

生が尽きたとき、その人は安らかな気持ちで旅立っていったと信じたい。

生きがい（二）

人は、思うようにならないことに直面して、それを乗り越えようとするとき、生きがいを覚えるものらしいのです。

どんなに力をもった権力者でも、自分の生死だけは、もうこの世の他力にまかせるしかないでしょう。

健康な若者にとって、生は当たり前のことであり、なんの価値も感じず、感謝の気持ちもなく、時間を浪費します。

もったいない話です。

生きがい（三）

「仕事は、男子一生の生きがいではない」と公言する人もいます。

人の生きがいとは、「人々に感謝され〝おかげさま〟という言葉をかけてもらえること」だと言う人もいます。

私も、死の間際に〝おかげさま〟という言葉をいただいて旅立ちたい、と願っているのですが……。

生きがい（四）

この世に生を受けた全てのものは、その終末は、自然の法により必ず死をもってあの世とやらへ行くことを約束されています。

ならば、〝生きている今をどう生きるか〟、〝人生の生きがいとは〟ということが切実な問題になります。

米沢英雄氏は、「自己の心に満ちた本当の人間になること」だと言われる。では、「自己の心」とは何なのでしょうかね。

「ソレはソレでいい」

近い日に必ず訪れる死を前にした、ある死刑囚の言葉を、ぜひここに、人の悟りとして紹介したい。

生涯不安や悲しみはなくならぬと思います。なくならないのですが、しかし次第に、「ソレはソレでいい」という気持ちに満たされてくるのですね。これは、（中略）全肯定の明るい喜びを意味するのです。

（加賀乙彦著、『ある死刑囚との対話』、弘文堂）

希望と夢

人は皆、未来に向かって希望や夢をいだいて生きています。

若者は当然のことながら、余生がほんの少ししか残っていないと思われる人の中にも、その残された短い時間の中のただ〝今〟を、なにかを成し遂げようとしている幸せな人もいるのです。

うらやましい限りですね。

無常（一）

無常という言葉には、もの悲しい響《ひび》きがありませんか。

では、永遠の命を望むのかと言われれば、私は断ります。

七十年以上もこの世を生きてきた者にとって、そんな言葉は重苦しく、嫌悪すら感じます。

私だけでしょうか。

無常（二）

聞くところによると、あの世とやらは未来永劫に続くらしい。

無常といわれるこの世には、必ず終わりがあり、別れがあり、さみしいものです。

あの世とやらには、いつまでもいつまでも安住できそうですね。

〝笑止千万〟とは、誰も言えないでしょう。

無　常（三）

この世は無常である、というのは確かなことですよね。その最たるものは、人の命です。これは、この世の真実です。

無常の行きつく先は、死、つまり墓場ということになります。

楽の裏側に苦があっても、死には裏側がありません。

死は未来永劫に続くものです。

そう言われてみると、何か、ホッとした気分になれませんか。

墓場は「平和の庭」だと言った人もいます。

お役にたつもの

少しでもいいから、人のお役にたつものを後の世の人たちに残しておきたい、と願って旅立つ人は、死後、その分だけ浄土に生きる時間が長くなるのでは、と思ったりしています。

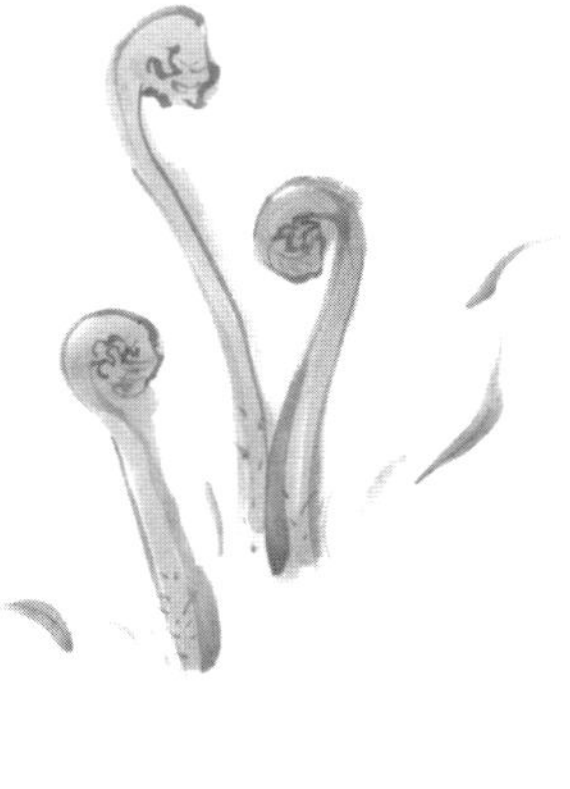

余生

私も、残り少なくなった余生を想う歳になったらしい。

短い余生だからこそ、生きがいがなくては、と気もそぞろで落ち着かない。

短い余生だからこそ、自分にとって、楽しいこと、嬉しいことをするだけが生きがいであると考える人もあるでしょう。

しかし、他人《ひと》の喜ぶ姿をみるのも嬉しいものですよ。

余生の生きがい

毎日を楽しく、生きがいをもって余生を過ごされている人。

そんな人は、もう思い残すことは無いという心境で、死は、それほど恐怖ではないのでは、と思うこともあります。

しかし、人の欲望は底知れず深いとも言われますよね。

余生を断たれる恐怖が、不幸な人よりも数倍強いのかもしれませんね。

生きることへの励まし

「死への恐怖は、生きている今を存分に生きよという励ましだ」と言う人もいます。だとすれば、死を恐れないというのは、何か忘れものをしたような気分にならないでしょうかね。

人の、いや全ての生きものの死へのわからなさというものは、永久に残り続ける疑問の一つでしょう。

月・日（一）

歳《とし》をとると、いいや、若い人の中にも「月日の経つのが早い」という人が多くいますよね。残り時間の少ない私など、切実な話になりますが、若い人にも多いというのは意外でした。

では、生きている今、何をすれば穏やかに旅立っていけるのでしょうか。なかなか答えの出てこない問題ですね。

月・日（二）

残り少ない月日を生きている今、どう生きていけばいいのか。

人それぞれでむずかしい問題ですが、無理に答えをひねり出してみれば、大方の人に共通するものは、悔いの残らない生き方をする、でしょうかね。これもそのうちの一つになりませんか。

それは、他人《ひと》に喜んでもらえることで、我が身に返ってくる喜び、感動、つまり、〝滅私利他〟の生き方ということになるのかもしれません。

月・日（三）

しかし、その想いが叶わぬままに、生を終える人も多いでしょう。いや、そのことに気づかぬまま、あの世へ旅立っていく人のほうが普通なのかもしれません。

金や地位などという人生の付録を集めることに夢中で、他人《ひと》に喜んでもらえる喜びに気づかぬまま、生を終える人も多いように思えるのですが……。

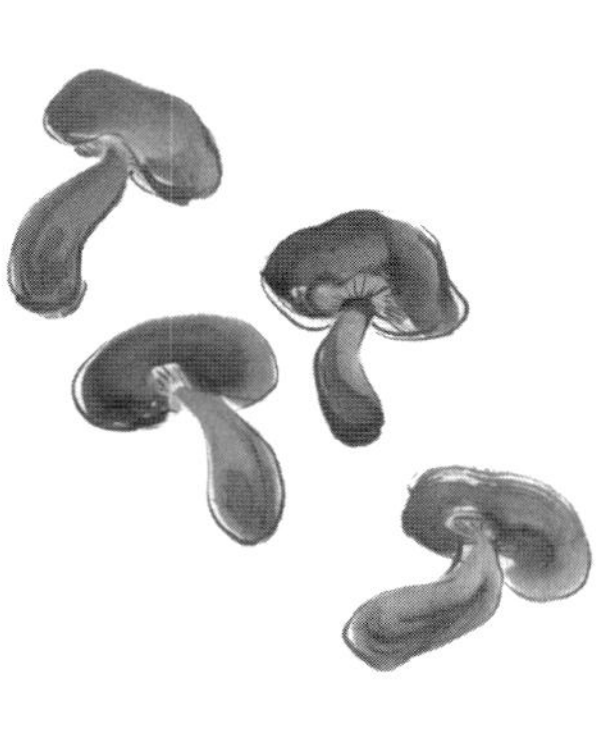

おどろき

もっと驚こうよ！

東の空が白む。すがすがしい朝の空気……今朝も間違いなく太陽が昇ってきてくれることに驚こうよ。

夕焼けの紅に、木々の緑に、おいしい空気に、小鳥たちの声に、もっと驚こうよ。

朝の味噌汁がうまい。連れ合いとも子ども、健やかにとまではいかなくとも、無事一日がすごせたことに、もっと驚こうよ。

小さな、些細なことを、当たり前のことを見直そうよ。

もっと驚こうよ。

（真田増丸氏　「光輪」より）

もう今日一日の命だとすれば、周りのものの全てが驚きになるやもしれませんね。

真田増丸（さなだ ますまる、一八七七—一九二六年）

浄土真宗本願寺派。東陽円月の子、東陽円成に師事。大正四年大日本仏教済世軍を結成し、北九州の八幡を中心に労働者層への布教活動をおこなった。

夏

あの世を想ふ

死の平和（一）

理想的な死の迎え方は、ピンピンコロリだ、と言う人もいますね。
しかし、「死の瞬間には平和が訪れる」と思っている、のんきな人もいます。
この平和論には、生きている今がつらく哀しく苦痛だという前提がつきますが。
理想的な老後を過ごしている人には、死は平和などではなく、恐怖そのものですよね。

死の平和（二）

死は平和である、と言える人は、生きている今が不本意であるということでしょうね。そうは言っても、多くの人にとって、やはり自分の死は嫌なものです。

この世から消え去って〝無〟になることが、その人にとっての平和であるならば、この世への執着が〝無〟になると考えることで、たしかに、気軽に自分の死を受け容れることが可能でしょう。

この世の無常

無常の最たるものは、生きものの命ではないでしょうか。

今は健やかに暮らしていても、いつの日か命を断たれるというのは、この世の常です。

無常の行き着く先は、死、つまり墓場です。

墓場、つまり生きものの死こそは無常です。

未来永劫に変わらないものは、死であるということに何かホッとしたものを感じませんか。

平和の庭

無常の行き着くところを死であり、墓場だとします。

そのことに何かホッとした感情が湧くのであれば、死は忌み嫌うばかりのものではなくなります。

未来永劫の死を受け容れる墓場には、競い事やねたみ、うらみなどはなく、また、哀楽や悲喜もないのであれば、まさに平和そのものですね。

〝墓場は平和の庭〟だと言う人の気持ちもわかります。

死にがい（一）

おまえの〝死にがい〟とは何だ、と訊かれてもすぐには答えが浮かんではきませんよね。

私は、この世に残していく人々への思いやりが、一番に浮かんできます。

その周りの人々に、手をにぎられて、「おかげさまで、本当にありがとう」の一言をいただいて、あの世へ行くことかな。

そう思えてならないのですが……。

死にがい（二）

輪廻転生《りんねてんせい》ということを信じるならば、私が、今、この世に生を受けたのも、先達の死があったからではないでしょうか。

人の死は、新たな生をこの世に創りだすために不可欠のものだとするならば、人の死は新しい世代の礎《いしずえ》として、前向きに受けとめ、生死の無常も、さもありなんと納得できはしませんかね……。

死にがい（三）

人の死は、今、まさに沈まんとする落日であったり、暗闇をさ迷う己の姿を想わせます。また、日により時により、穏やかな湖面であったりと、心の案配で右に左に揺れ動く。

笑みさえ浮かべて、宇宙の法に従った釈迦。罪へのつぐないとして十字架を背負ったキリスト。

魂の不死を信じて毒杯をあおったソクラテス。

死というものへの、発想の転換が必要なのかもしれませんね。

死にがい（四）

しかし、我々高齢者は、残り少ない、限りある自分の生を少しでも充実させよう、と努めるのです。

垣間見えてきた自分の死を正面から受けとめ、このうえなく大切なものとして充実させる。このことが、熟年の域に達した者のこれからの生きがいになるのかもしれません。

今日のこの一日を宝物として大切に生きる、人生の終末を想いながら……。

死にがい（五）

たとえこの世で叶わずとも、あの世とやらへ行ってでも、必ずや必ず……というように、どこまでも執着するものを、ひとつだけでも離さず持ち続けることが、あの世での〝生きがい〟になり、この世での〝死にがい〟になる。

そうすると、死は永遠に訪れない、という考え方は駄目でしょうね。

忘れな草

近頃、〝独り〟という言葉をよく耳にします。人間にとって、一番恐いのは、周りの人々から無視され、忘れ去られてしまうことだそうです。

人間、生まれてくるのも独り、死んでいくのも独りではないか、などと悟ってみても、自分を納得させるのは無理でしょう。

これほどさみしい言葉が、他にあるでしょうか。

死するも独りなり

ここで言う〝死〟とは、自分の死のことです。もう、その齢《よわい》を十分重ねた一老人の死のことです。

生を受けたものは、必ず死をもって、その幕を閉じねばならない。

そのことはもう百も承知しているはずなのに、その覚悟が揺らぐときがあるので困っています。

小人《しょうじん》なるが故でしょうかね。

地獄

五十年以上も前のことですが、父の肺がんの末期は、家族をも巻き込んで、地獄そのものでした。

母が、父の安楽死を主治医に真剣に頼み込んでいる姿を何度か見ました。昔はほとんどが在宅死であったのです。

死していくのにも、運、不運があるのを目の当たりにした、昔話です。

生涯百年

ある医師の話によると、これからの人生は百年と考えねばならないそうです。

六十歳までを第一の人生、その後の百歳までを第二の人生として、自分の死までの計画、〝死計〟をたてねばならぬ、と言われます。

百歳を過ぎると、明くる日にコロリと死んでいた、これが理想だそうな。

私もあやかりたい。

長生き

いかに長く生きるかということよりも、いかに善く長く生きるかが、人の願いだと思われます。

しかし、死は、どうしても避けられない事実です。

ならば、いろいろ屁理屈を言っても詮なきこと。

諦めて寝てしまおう。

自分の死と仲良くなる

私の年齢になると、死はもう目の前にまで迫ってきています。

なんとかして、自分の死を疎《うと》ましくばかり思うのではなく、仲良くなれないものか。

「死は〝未来永劫につづく安らかな世界への入口〟である」と言う人もいるのです。

心のどこか片隅でもいいから、この一言を残しておきたい。

死後の楽しみ

死の悲しみは、いつの世にも涙を流してジメジメと語られるものですが、これは葬儀のイメージのせいもあるでしょう。

お経を威勢のいい東京音頭に、線香を唐の香木に、蝋燭《ろうそく》をぼんぼりに変えて、夜の白むまでみんなして踊り明かして、死者を送り出してあげる、というのはどうでしょう。

ダメですかね。

おかげさま

もう意識が薄れかかってからでも〝おかげさまで、ありがとう〟という一言をいただいて、あの世へ旅立てる人は、なんという果報者でしょうかね。

その一言が極楽へと導いてくれることは、もう疑う余地のないことだと思われます。

〝おかげさま〟という言葉のすばらしさには、頭が下がります。

孫

あのことだけは、孫達のために、なんとしてでもやり遂げておかねば……。

ひとときではあっても、自分の死を忘れて没入することができれば、少しばかりの安らぎが、孫達の笑顔とともに、心の中をなごませてくれる。

この最後の時をかみしめながら笑顔で旅立ちたい、と願うばかりです。

死への恐怖

自分の死への恐怖に耐えきれない、と言ってオロオロしている人をみかけますね。

しかし、病いが進めば、否も応もなく死の淵《ふち》に引きずり込まれてしまうのが、生あるものの常でしょう。

ならば、自分の死を目の前にして、〝この世の定め〟だと本気で諦めて、静かにあの世へ旅立っていくのも一策かもしれませんね。

死のがけっぷち

その人は、「どんな奥深い説法でも、命がけっぷちに立たんと何にもならん」と言って、高名な僧侶の説法を拒絶された。

そうして、その人は、数日後に旅立たれた。

安らかな死に顔であったそうです。

誰にでも、真似のできる話ではないですね。

お迎え

いつお迎えがきても喜んでついて行くよ、などと自分の死と仲よくなって、慣れ親しんでいる人もまれに見かけます。

そのためには、まず自分の胸の内を空っぽにして、何がきても受け容れられる態勢をつくっておかねばならないのでは、と思われますが、いかがなものでしょうか。

「思い出さずに、忘れずに」

伊藤真愚氏の言葉です。

自分の死への心がまえのことでしょうが、むずかしい問題です。

思い出さないようにすることは、他のことで気を紛《まぎ》らわすことができるでしょうが、重い病気の人のお見舞い、親しい人の葬儀などで、自分の死を想わない人はいないでしょう。

しかし、まあ、思い出しても忘れてしまうことにしよう。

宗教

宗教は、自分の死の恐怖を和らげるのには、あまりご利益がなさそうです。

では、宗教とは何か、ということになるのですが、信心深い人をみていると、信仰心というものが、その人の心と体に同化してしまっているように見えます。

うらやましい限りです。

私も人生を終えるまでに、一度でもいいから、そうなってみたいと心から願っているのですが……。果たして、どうでしょうか。

自分の死

他人《ひと》の死には何度となく出会って、よくわかっているつもりですが、それが実感として、自分の死と結びつかないのはなぜでしょうかね。

自分の死を一度体験してみたい、などと考えたことがあります。笑い話ですかね。

臨死体験をしたという話は、二、三度聞いたことがあるのですが……。これはいい、これを丸ごと信じてしまおうと思ったのですが、ダメでした。

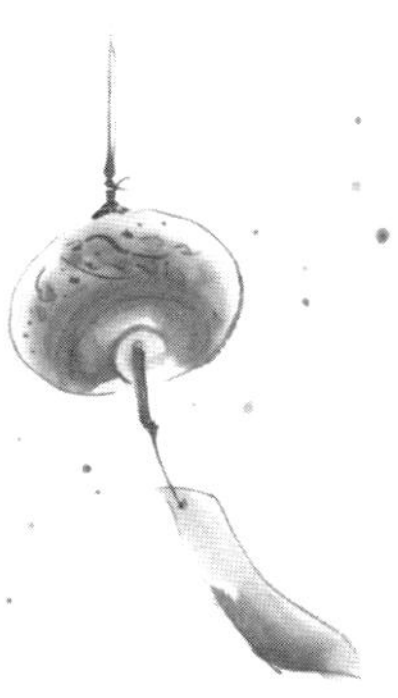

覚悟

身辺整理も大切ですが、心の準備、死への覚悟とやらは、そうたやすくは得られないでしょう。

無理にでも、あの世の方角に心をねじ曲げ、いまだ消え去らないこの世への未練を、どう断ち切ればいいのやら。

人生の末期にしても気が重い。

生と死

いくら忌み嫌っても、死から逃れるすべはありませんよね。

ならば、死を前向きにとらえ、生あるうちに、このことだけは何が何でも成し遂げておかねば、と真剣に取り組むものを考える。

つまり、生きるための方向を、死のための方向に切り替える。

このことで、新たに生きがいが生まれてくる、ということになりませんかね。

棺の中

近頃、人の死んでいく姿に、ほとんど出会わない。

すでに納棺された姿を見ることは多いのですが、そのせいか、自分の死というものに、切実な実感が湧いてこないのです……。

執　着（一）

虚無の心では人間なかなか死ねないのではないか、と言われますね。

深く執着するものがある人は、死後、自分のなすべきことをしっかりと持っている。

旅立つための準備とは、どこまでも執着するものをやり遂げたいということであり、そのことが死を遠くに追いやってくれるでしょう。

執着（二）

「生きている今、執着するものがあるから安心して死ねる」と言う人と、「一切のことを私は今、捨てようと思う」と言って諦観の笑みを残して死んでいった釈迦とは、どこかあの世で、「同感、同感」と、肩をたたき合っているのかもしれませんね。

未来永劫

未来永劫に続く人の死、行きつく先は墓場である人の死、その墓場を平和の庭だという人もいるのです。

生あるうちは、無常であった生きものの死が、もう変わることのない未来永劫のものだとしたら、死を忌み嫌うばかりではなく、自分の最期をやさしく包み込んでくれるものだとは思えませんかね……。

やはり無理ですかね。

生と死

生は存在であり、死は消滅だ、とよく耳にします。

わかる気もするのですが、死後は〝無〟である、とは誰しも言い切れないのですよ。

その証を見せろ、と言われると困ってしまうのですが……。

お迎え

「お迎え」という言葉は、人を和ませる響きがあって、あったかい。

あの世へ独り旅立っていかねばならない孤独感から、少しは救われそうな気になって、ホッと和ませてくれそうです。

〝無〟

人は死後も〝無〟にはならないと言う人もいますね。

芸術家や芸人の作品が、死後も多くの人々に感動を与えるのであれば、その人は死後も〝無〟にならない、ということでしょう。

また、自分の死が何かの役にたつのであれば、例えば新しい生の礎となるのなら〝無〟ではありませんよね。

〝輪廻《りんね》〟という言葉が仏教にありますが、さて、私ごとき凡愚が、自分の死への想いをそこまで昇華できるかどうか。

〝救い〟

死は最高の救いである、と心底思っている人も少なくないでしょう。
この世に生きている今が地獄である、という人です。
人は死の間際には、神や仏の境地に近くなるとも言われます。
死後の世界では、無我無欲の心で安らかに眠られるということでしょうかね。

未練

この世には、もう思い残すことは何もないし、未練もない、という人もいますね。

本気でそう思える人は、よほど運のいい人なんだと思えて、うらやましい。

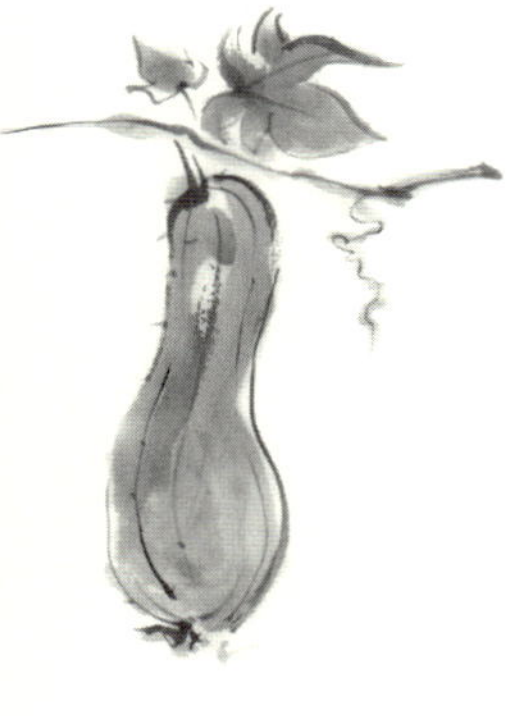

あの世

死の恐怖は、もう十分わかっているつもりですが、気分の良いとき、「あの世とやらはあるのかも」と時折思うことがあります。笑い話です。

しかし、もう久しく会っていない父母や友人達と、あの世で会える、みんなして自分を待っていてくれるとしたら……。

こんなすばらしいことは、この世では絶対にないですよね。

精神体

人の体は、死ねば骨と灰になって骨壺の中、ということはわかっていますが、精神、人の心はどうなるのでしょうか。

肉体があるように、精神体というものもあるのでしょうか。

そんなものを見たという話など、聞いたことはないですよね。

しかし、無いとも断言できないでしょう。

死後の世界は、誰にもわかりません。

秋

人なるがゆえに

自我（一）

人は皆、自分が一番かわいいもののようです。

でも、哀しいことに人は皆、死ぬまで自我、我欲を捨てきれないようです。

がんばって捨てたつもりでも、そのすぐ後から、また芽生えてくるのが、自我、我欲のやっかいなところですかね。

自我（二）

この世とやらは、なんとも納得のいかない不条理なことばかりだ、と不平不満に口をとがらせて生きている人も多くいます。

一理あるのはたしかです。

しかし、そう思うその人の心根が〝自我〟、〝我欲〟らしいのです。

ならば、どう生きたらいいのやら、誰だか教えて欲しいものです。

独り（一）

人の中には
自分の他に
何人もの人間が
住みついているらしい
ややこしい話ですが
その中の一人だけをみて
あいつは、そういう人間だったのか
など決めつけてはいけないそうです
自分の中にも、あいつに似た人がいる
思いあたるふしがありますよね

独り（二）

これまでの自分の一生を
振り返ってみると
嬉しかったこと、哀しかったことなど
いろいろあって面白い
人は、それぞれに
自我、我欲をもっているのですから
会社にしろ、集合体となると
どう折り合っていけばいいのやら
しかし、人間、一人では生きづらいのは
十二分にわかってはいるのですが

他人《ひと》のため

他人のためという
想いやりの中には
施してやっている
という邪心が入る
それがいやだ

「おかげさま」という言葉には、自我、邪心のかけらもない。
そう私は信じているのですが……。

幸運で不幸な人

「自分の欲しかったものは、おおかた手に入れた」という幸せな人もいます。

しかし、それが人生の付録にすぎなかった、と目覚めたとき、言いようのない空しさと、わびしさにさいなまれるらしいのです。

これを〝実存的空虚〟という人もいます。

自己嫌悪

ときおり自己嫌悪にさいなまれることがあります。

米沢氏は「自己嫌悪とは、最大の自我に根をもつ驕慢《きょうまん》心の裏返しである」と言われます。

自分自身というものが、いかに見えにくいものか思い知らされます。

宿縁

自分という一人の人間。

実は自分の生については何も関与していないし、まったく知らない。

犬猫ではなく、なぜ人間としてここに生きているのか。

自分の思惑や望みなどまったく無く、こうして一己の人間として毎日を生きている。不思議でならない。

何を今さら、ということにして忘れてしまおう。

自我のかたまり

〝自我〟とは、誰しもが持っている我欲のことで、やっかいなものです。

しかし、人間、生きていくためには、どうしても無くせないものでもあります。

この我欲という奴が果てしなく広がり、自分の死の間際まで気付かずに旅立っていく人も、私だけでなく、多くいるらしいのです。

自己の心の目覚め

これは、神の心境に近く、我々凡愚にはむずかしい境地です。

それを教えてくれるのが、他ならぬ〝自我の心〟だそうです。

自分の罪深い自我を知ると、そこに深い深い〝ざんげ〟が芽生え、〝自己の心〟が目覚める。自我の醜さを思い知らされたことに感謝しなければと思います。

自己の心（一）

自我を減らすためには、自我に行きづまり、自己の心に目覚めるしかないそうです。

では、自己の心とはどんな心でしょう。

どうやら、「他人《ひと》の悲しみは自分の悲しみであり、他人の喜びは自分の喜びである」という〝滅私利他〟の心のことらしいのです。

自己の心（二）

〝人の生死は、人智を越えている〟とはよく聞く言葉ですね。

これはもう、宇宙の定めによる絶対他力の世界であり、これを受け容れるのは不可能に近いでしょう。

ただ、米沢氏の言われる、〝ざんげ〟により本当の自分の姿に目覚めれば、この世での自己いっぱいの生活が可能になり、死にたくない、などという自我は入り込めないのでは……。

自己の心（三）

体調がすぐれないと頭をもたげてくる、自分の死への不安と恐怖は、〝自己の心〟に目覚めれば、「オー、ヨシヨシ」とやさしくなだめすかすことができるやもしれませんね。

残り少ない人生です。

なんとかして、いやどうしても、この〝自己の心〟を自分のものとし、自己いっぱいの生活で、人生を終わらせたいものですね。

受取人払郵便

早良局
承　認

1108

差出有効期限
平成 30 年 8 月
30日まで
（切手不要）

郵便はがき

8 1 4 8 7 9 0

福岡市早良区西新７丁目
1-58-207

木　星　舎　行

購入申込欄

本書の追加ご購入は、このはがきで直接小社にご注文ください。郵便振替用紙を同封の上、お送りいたします（３冊以上は、送料無料）。なお、書店に注文される場合は、地方・小出版流通センター取扱書ということでご注文下さい。

あの世からの　つぶやき	冊

通　信　欄

本書に対するご意見・ご感想などお聞かせください。今後の参考にさせていただきます。

■　ご住所

TEL　　（　　）

■　ご氏名

■　お買い上げ書店名

■　ご意見・ご感想

ありがとうございました

自己の心（四）

自分の死に対する心の準備ができていない私ごとき凡愚は、一体どうすれば〝自己の心〟に目覚めることができるのでしょうか。

米沢氏は、その一例として、

「満員電車に乗り合わせて疲れきったとき、自分一人しか乗客がいなければ電車は走ってくれない。多くの乗客があればこそ電車は走ってくれた。もみくちゃにされても満員の乗客に対して〝ありがたい〟と思える心、これが〝自己の心〟」だと言われる。

自己の心（五）

人の目は、自分には向けられずに他人《ひと》の言動ばかりを気にするらしいのです。他人の嫌なところをみて、そのことを批判する前に、自分にも、同じようにああいう嫌な面があるのでは、と自分のほうに目を向ける。

そのことで〝自我〟が薄れ、〝自己の心〟が目覚めることが多いとも、米沢氏は言われるのですが……。

自己の心（六）

自我の反対側にあるのが〝自己〟つまり〝滅私利他〟の心ならば、それは私の領域を超えている。

ならば、〝自己の心〟をどうすれば手にすることができるのでしょうか。

それは、命をもかけた〝ざんげ〟によってみえてくる、我欲いっぱいの自分の醜い姿、本当の自分の姿を知ることで、そこに〝自己の心〟が目覚める。

ここには〝自我〟など入り込む余地はないでしょう。

自己の心（七）

私も含めて、自我、我欲一杯に生きてきた人が多いようです。

「自己の心」とはそれとは相反すること、自我、我欲の少ない〝滅私利他〟の心に目覚めることだと言われる。そのためには、徹底した自己ざんげにより、罪悪深重なる自我一称の自分を知ることで自己の心が目覚める。

この自己の心に満ちた本当の人間になって生を終えることが人生の生きがいであり、目的である、と米沢英雄氏は言われる。

自己の心に満ちた本当の人間とは

一度、自己に目覚めると、そのすばらしさに、人は根っこから生まれ変わるものだと言われるが、わかるような気もします。

しかし、現世を生きていくためには、自我も必要であり、無くすことは不可能ですよね。できるかぎり、多くの時間を、この自己の心に目覚めた状態で生きていくことしかできないでしょう。

心根

今、一番欲しいものといえば、〝自我〟、〝我欲〟の少ない心根《こころね》だろう、と思う歳《とし》になったらしい。

我欲が無くなる時は、自分の死しかない、というのもわかってきました。歳を重ねて、いろんな欲望が少なくなってくると、濁りのないきれいな心根で、自分を見ることがあるのです。そんなとき、己の我欲の醜い塊がはっきりと見えるのです。

自我と利他

自我がでた後は、もの悲しい気持ちになってしまうのは、誰しもです。

利他の心で人に接したときは、なんとも清々しいものです。

願わくば、生きている今、この自我を無くしたいと思うのですが、人間は生きている限り、自我を無くすことはできないらしいのです。しかし、無くしたいという心根は、自我ではないでしょう。

人助け

人が困っているとき、ささいなことでも、手を貸したことで、その人が素直に喜んでくれると、こちらも清々しい気持ちになりますよね。

その人は、手助けされたことを喜び、手を貸したほうも、その人が喜んでくれたことを喜ぶ。

こんなこと、よくありますよね。

両極端

あの子のためになら、私が代わって死んでもいい、と思う母親もいれば、泣きやまぬのでうるさくて首をしめてしまった、という母親もいます。

人の持つ性格には、このような両極端なこともあるようです。

他人事として眺めているだけの我々には、ピンとこない話です。

情　愛

「代わりに私が死んであげたい」という母親の我が子に対する情愛は、これはもう神仏の領域と言えるでしょう。

〝他人《ひと》の不幸を自分のことのように涙し、心をいためる人〟、〝自分の欲しいものを他人《ひと》に与えて、その他人の喜ぶ姿を見ることのほうが楽しく嬉しい〟という人。
これも、母子《おやこ》の情愛に近い美しいものです。

欲　望

人のもつ欲望というものは、どこまでいっても満足が得られないもののようですね。

人生の目的もしかりで、その終着点はどこにあるのか。米沢英雄氏によると〝本当の自分を知ること〟で、そこに深い深いざんげが生まれ、自己に目覚める。

そこで自己いっぱいの生活が始まる。これ以上の満足は考えられません、ということです。

人間の価値

人間の三大欲望のうちの二つは、「金」と「地位」だという説もありますが、これらは人生の付録に過ぎない、と言う人もいます。

付録ばかりの人生では真の満足を得られぬまま、この世を旅立つのであれば、生きてきた甲斐は〝無に等しい〟と言わねばなりませんよね。

人の生き甲斐、生きる目的となると、これはまた、むずかしい話になります。

死は、突然やってきます。もう間に合いませんかね。

憎らしい

どうしても許すことができずに、人を恨み続けることが、誰しもありますね。

人を憎むということは、つらく苦しいことです。

ほんとは、いい人ばかりで、いとおしく思えるほうが、どんなに嬉しく、楽しいことかしれません。

しかし、多くの人と関わって生きていくには、そうはいかないでしょう。

涙

母親の涙と、女性の涙は違うらしい
母の涙には、わが子を想う光の滴《しずく》が
一つ、二つ、三つキラリと輝いている
女性の涙には、甘さと、ホロ苦さと
ロマンとが混じり合っている
哀しみも、楽しきかな
うらやましい限りです
女性のほうが長生きするのも頷ける
女性の悪口を
言っているのではありません

善い人

「あの人は善い人だ」と言われる人物にお会いした。

しばらくお話を伺い、やはり、その人柄に打たれるものがありました。

しかし、その人の影が、どことなく薄く、強く印象に残らないのはなぜでしょうかね。

自我が少ないためですかね……。

うらやましい話です。

悪い奴

自分に都合の悪い人、虫の好かない人のことを「あいつは悪い人間だ」と言って忌み嫌う。しかし、その人を自分に置き換えて、じっくり眺めてみれば、自分にもある、その悪いところを教えてくれるいい人、ということになりませんか。

自分のことは、自分にはなかなか見えてこないものらしいのです。

徳をつむ

世間ではよく聞かれる言葉です。

つまり〝無償の思いやり〟ということらしいのですが、その心の片隅のどこかに、善いことをしている、施しをしてやっている、という気持ちがまったく無いと言い切れるのでしょうかね。

生身の人間である自分には、そう言い切るのは、無理かもしれません。

これ以上、考えるのは、やめておこう。

二人して

先日のこと、少しだけ嬉しいことがありました。

しかし、そのとき、あいつが生きていたらなぁ、と、二人して喜びあえないことが哀しかったのも本当のことです。

もう、そんな齢であることを忘れていたのですね。

そのことに気づいて、今さらながらびっくりしました。

この世には、呑気な奴もいるものですね。

死の恐怖

それは、どこへ行くのかわからない、暗闇の中へ独り旅立っていく恐怖です。

死後はどうなるのか語ることができる人は、一人もいないでしょう。

しかし、臨死体験をした人は、自分の死は恐くない、と口を揃えます。

彼らにとって、自分の体験した世界は暗闇ではなかったからでしょう。

その体験談を信じることができれば、自分の死も「なるほど、大丈夫だ」と安堵できるやもしれませんね。

母親のふところ

この世の浄土とは、母親の温かい懐だそうです。

早くに母親を亡くした私にも頷ける話です。あの温かい懐を想うとき、人は仏の境地になり、己の生死をも超えることができるらしい。

私も、ぜひそうありたい。

神の境地

全ての欲望を捨て、胸の中を空っぽにして、そこに神仏の心根を呼び込めれば、もうその人は生きた神や仏と言っていいでしょう。が、しかし、生身の人間には、そんなことは不可能であることは、あの親鸞でさえも断言しているのです。

あきらめるしかないでしょう。

冬

生かされている
この身

神仏（一）

この世には、神や仏はあるらしい……と言う人もいますね。

人の力の及ばないことが成し遂げられる有様を神業、仏の力などと感じることが本当にありますよね（絶対他力と言うそうです）。

例えば、二十四時間、一時も休まず働き続けてくれる心臓。また、人は命あるものをまったくのゼロから創りだすことは不可能です。

これらを全て神仏の力とするならば、この世の中、神仏だらけの浄土の世界と言えるかもしれません。

神仏（二）

ある人は、「神や仏に泣きついて救いを求めるのではなく、自分自身が神仏の心境にならなければダメだ」と言われます。

ほんのこの間迄、「自分には関係のない話だ」と鼻先で笑っていた私が、神仏の境地になれるものなのか。

どうしても無理に思えてならないのですが……。

運・不運

「水平思考」という耳なれない言葉を耳にしました。

人生は、宇宙から押しつけられた、生まれながらの運・不運によって決まってしまう、善悪も強弱も良・不良もなく、あるのは運・不運だけだそうな。

だから、一列に並べると、人は皆、水平になってしまうそうです。

なるほどと一応は納得するのですが……。

死と本能

生を望むことは、生きものの本能でしょう。しかし、自然の法による、死刑の判決はどうしようもないのです。

生きている今、このことだけは自分の手でやり遂げねば、という執着するものがあれば、自分の死を〝思いださずに忘れずに〟という処まで押しやって、そのことに夢中になれる。

これは良いことかもしれませんね。

智　恵（一）

人は、少しばかりの智恵をもって生まれてきているために、他の生きものの何倍も何十倍も苦しまねば、あの世へ行けないらしい。

困ったことです。

しかし、これも、人の力の及ばない〝絶対他力〟によって、生みだされ、生かされ、殺されていくのだから、仕方のない定めということにしておこう。

智　恵（二）

「人という生きものは、素直でない」ということを聞いたことがあります。
それは少しばかりの智恵をもって生まれてきたからで、かわいそうな生きものだそうです。

草や木や、犬猫は、宇宙からの宿縁のままに、だまって生きて、だまって死んでいくからだそうです。

智恵（三）

人は、自分たちが、この地球上で一番優れた生きものであると信じて疑いません。

意志を持たないであろう生きものたちは、宇宙の法のままに、少しばかりの智恵を授かっている人間は、恐れ、悩み、苦しんで死を通り過ぎねばならないようです。

優れていることも考えものですね。

死と宗教

宗教、とくに仏教に、どうにも馴染めないと言うと、

「仏教の教えの根元は〝生死無常〟を言っているんだよ」

「自分の生死を受け容れるには、人智ではなく、神仏の力を借りたほうが、理に適っている」

と言われた。

考えてみると、そのほうが楽かもしれませんね。

ざんげ（一）

人に限らず、この世の全てのものが〝自然の法によるおかげさま〟の世界に生かされ、今を生きている。

そのことが実感できれば、そこに心底からの本物の〝ざんげ〟が生まれ、本当の自分というものが、良くも悪くも見えてくるらしい。

その手助けをしてくれるのが、宗教だと言う人もいます。

ざんげ（二）

人の心が一番美しくなれる極地は、〝ざんげ〟であり、その後には〝おかげさま〟という言葉が素直に湧いてきます。

宇宙からいただいた〝宿縁〟とやらを、ありがたく素直に受け容れ、〝おかげさま〟で生きていられるためには、この〝ざんげ〟が必要らしいのです。

ざんげ（三）

この言葉は、洋の東西を問わず、宗教の言葉として、よく耳にします。

本当の〝ざんげ〟は、死をも覚悟しなければ達することのできない境地であり、その〝ざんげ〟のあとに心に残るのは、自我を超えた自己の心だそうです。凡愚の私にも、少しはわかる気がします。

宿縁

人の持って生まれた〝宿縁〟とやらは、ただ黙って受け容れなければならないそうです。「すべてを良しとする」ということが受け容れられれば、自分の死も〝良し〟とできるやもしれない。

しかし、どうすれば、そのことが可能なのか、それはわからない。

否が応もなく、自然の法のままに従う、いや従わされるということですね。

成仏（一）

ある人は、

「俺が、私が、という自我を一時でいいから忘れて、他の人のことを想ってみる。俺はいいから、お前はそれでいいのか。

〝滅私利他に徹することができれば、次に二時《ふたとき》そうしてみよう〟

その瞬間だけは、成仏したということになる」

と言うのですがどうでしょう。

成仏（二）

また、ある人は、

「本当の心底からの〝ざんげ〟によって自分の醜い姿を見定め、自然の法による〝おかげさま〟の生活を知り、〝自己〟いっぱいの生き方をする、これが成仏、つまり、仏になることです。

そこには、自我など入り込む余地はなく、神仏に近い、いや神仏そのままの生き方が可能だ」

と言われるのですが……どうでしょうかね。

我欲

本能に根ざす生への執着を、〝我欲〟そのものであると一言で切り捨てていいものか。

これは、人智の及ばない領域であって考えても仕方がない、ということにして、死の訪れ方を考えたとき、〝死んでいく〟という形と〝殺される〟という形があることを言った人がいます。

死ぬという結果は同じでも、随分と違う。

〝宿縁〟という自然の法の前に、ただただひれ伏すより仕方のないことでしょうかね。

悟り（二）

宗教にいう〝悟り〟とはどんなものか。漠としたイメージはあるのですが。〝悟り〟とは全てを諦めることだと言われると、少しはハッキリとわかるように思えるのですが……。

しかし、諦める前に、自然の法というものを十分に理解し、その法に対して〝ざんげ〟することが必要でしょう。

悟り（二）

死刑囚のいう「ソレはソレでいい」というのは、もうどうにもならないという、諦めなのかもしれません。

では、〝悟り〟とは全てを諦めることなのでしょうか。

この世の全ての生きものに与えられた〝自然の法〟というものをよく理解し、納得した上で、自己に目覚めた生き方をする、ということも悟りの一つだと思えるのですが……。

悟り（三）

あの親鸞ほどの宗教家でさえも、最後まで悟りきれない自分が悲しい、と言っています。

しかし、もう、この世の中のことはわかった。いつ、お迎えがきても一向にかまわない、と悟りきった人も、なかにはいます。

私には、もう、その人は世捨て人としか思えないのです。

つまり〝捨〟あるのみの心境でしょう。

悟り（四）

悟りという言葉を「この世の中の全てのことは、否応なく押しつけられた宿命だということがわかること、つまり諦めること」と言い換えれば、どうでしょう。

諦観にまで昇華できれば、いや、しなければ、人は死ぬまで救われずに、生涯を終えてしまうように思えるのですが。

自然の法

一年ぶりに、やっと花を咲かせた桜でも、強い風が吹けば惜しげもなく散っていく。自然の法の定めの通りに花を咲かせ、法のままに散っていく。

人の生死も絶対他力という法のままに生まれ、死んでいく。

考えてみれば、この法の定めるままに、というのが一番いいことなのかもしれませんね。

生かされて生きている（一）

自分は確かに、今ここに生きている、と誰しもが疑いません。

しかし、眠っている間でも呼吸ができているなど、人の力の及ばない、目には見えない何らかの力によって生かされているのが自分だと気付く人は、ほんのわずかの人にすぎないでしょう。

生かされて生きている（二）

では、自分の死を目の前にしたとき、目には見えない〝絶対他力〟に対して、「自分はここまで生かされてきた。〝おかげさまで〟、〝ありがとう〟」との思いで旅立っていく人は、そう多くはないだろうと思います。

生かされてきたことを知らぬまま、あちらに逝ってしまう人もいるのですね。

天国と地獄

あの世とやらはあるのか、天国や地獄など本当にあるのだろうか、などと幼稚な想いに、ときどきとりつかれることがあります。

お恥ずかしい限りです。

でも、本当に無いのでしょうかね、人の目には見えない世界がこの広い宇宙のどこかにあって、そこに人間の理想郷である天国があるのかもしれませんよね。だめですか。

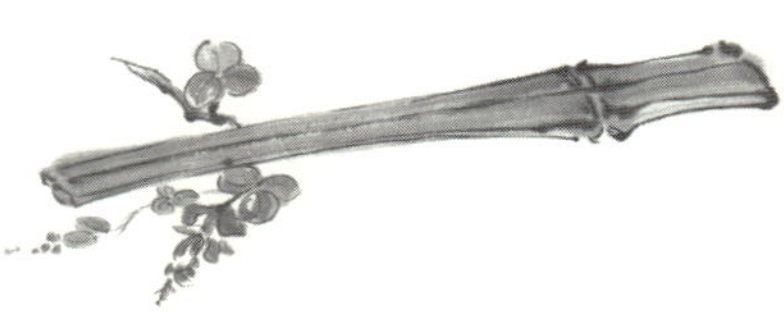

宇宙の法

死というものは、誰しも避けて通ることはできないものなので、忌むべきではない、と時折思うこともあります。

それはもう、生死は、人の力の領域を越えている世界であり、ただ、ただ宇宙の法に従うまでのこと、ということで、いくらか納得させられました。

仏さま（一）

仏さまなどというと、顔をそむける人も多くいます。

しかし、これまで、そして今も多くの罪を犯して生きている愚か者の私などは、この仏さまに赦しを乞い、仏さまとつながっていなければ、もう生きていけそうにないように思えるのです。

私自身の不徳の故です。

仏さま（二）

仏とは何でしょうかね。

人の力の及ばないものを仏と言うのなら、この世の中は仏さまだらけでしょう。

人は、種籾《たねもみ》がなければ、米粒ひとつ作りださない。生きるための呼吸すら自分の力ではないのだから、〝絶対他力〟という宇宙より与えられた法のままに生きて、そして死んでいく。

この宇宙の法を仏心だとすれば、安心して今を生きていけそうです。

他　力（一）

死ぬまで、他人に世話にはなりたくない、と意気込む人もいます。強い心根をもった頼もしい人に思えます。が、しかし、そんな人でも自分の意思で、心臓を休み無く動かせますか。眠っている間も呼吸ができますか。どう考えても無理ですね。

自分ではない、他の何者かの力、自然の法の他力によるものであり、我々生きものは全て、この他力によって生かされているもののようです。

他　力（二）

人の生死は、人の智恵の及ぶものではなく〝自然の法による他力〟の前にひれ伏すしかないでしょう。

頭《こうべ》をたれ〝自然の法によるおかげさま〟の生活をいただくしか術《すべ》はないように思うのですが……。

私など七十年以上も、この〝おかげさま〟の世界に気づかずに生きてきたのですが、このことが自分の〝死の受容〟につながれば、と願うのですが、もう手遅れですかね。

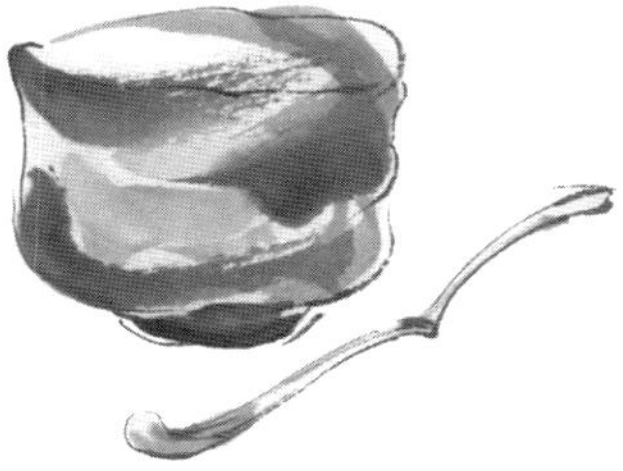

仏心

人は皆、生まれながらにして仏心をもっているものだ、とよく言われます。

宇宙より与えられた法のままに生きて、死んでいくことが、仏の道だとすれば、犬猫や木や花も皆、仏さまだと言えます。

また、仏心とは濁りのない、他人《ひと》への思いやりの心だとすれば、これほど美しいものはないでしょう。

それに気づかず、悪人顔をして生きている人もいます。もったいない。もったいない。

仏の目

人は、物事を判断するとき、自分のことは見ずに、他人《ひと》の有り様を自分なりの思惑の目で見て、確信を得るもののようです。

偏見、邪見というものですね。

自分ではない他人のことを、仏の目で見ることができれば……。

仏のみぞ知るということですかね。我々凡愚には、不可能でしょう。

あの世からのつぶやき

吉川　淳誠

2016年8月30日　第1刷発行
発行所　株式会社　なむ書房
〒814-0002　福岡市早良区西新2丁目7-19-104
TEL 092-851-8418

制作・販売　図書出版　木星舎
〒814-0002　福岡市早良区西新7丁目1-58-207
TEL 092-833-7140

印　刷　青雲印刷

落丁・乱丁本はお取替えいたします

ISBN978-4-901483-86-5